Impressum
Verlag: BABADADA GmbH, Nedderfeld 112 , 22529 Hamburg
Geschäftsführer / Verlagsleitung: Harald Hof
Druck: Books on Demand GmbH, In de Tarpen 42, 22848 Norderstedt

Imprint
Publisher: BABADADA GmbH, Nedderfeld 112 , 22529 Hamburg, Germany
Managing Director / Publishing direction: Harald Hof
Print: Books on Demand GmbH, In de Tarpen 42, 22848 Norderstedt

colegio
skole

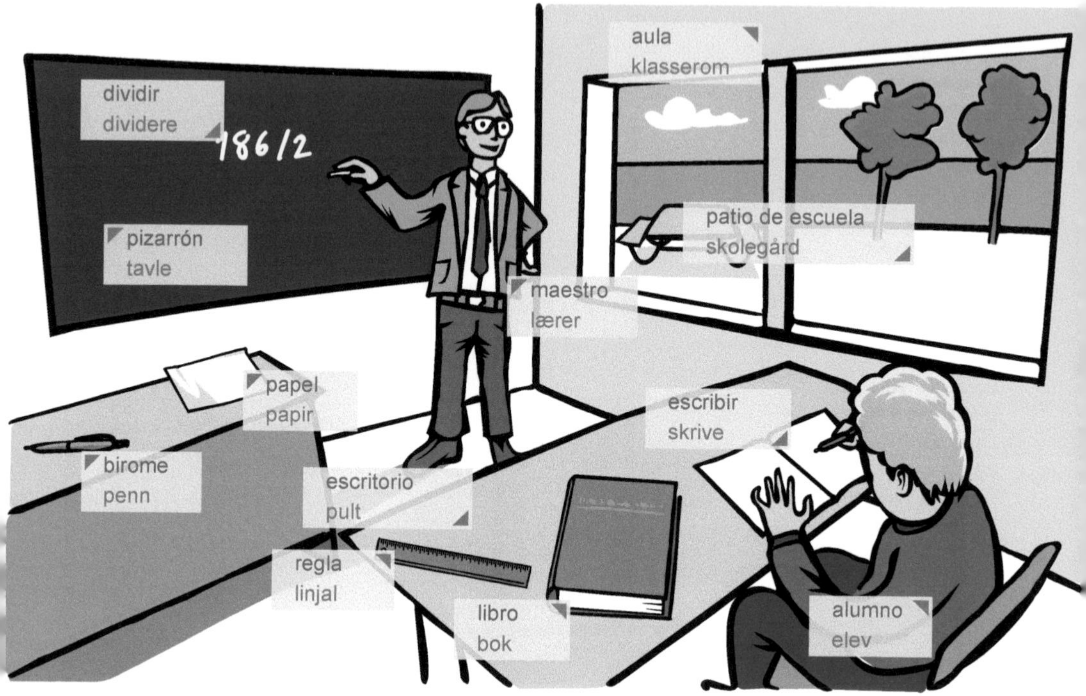

dividir
dividere
186/2
pizarrón
tavle
aula
klasserom
patio de escuela
skolegård
maestro
lærer
papel
papir
escribir
skrive
birome
penn
escritorio
pult
regla
linjal
libro
bok
alumno
elev

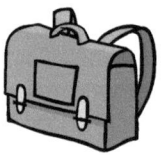

mochila

ransel

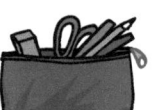

caja de lápices

penal

lápiz

blyant

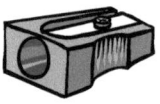

sacapuntas

blyantspisser

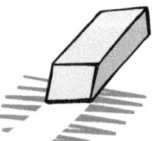

goma (de borrar)

viskelær

bloc de dibujo

tegneblokk

dibujo
tegning

pincel
pensel

caja de pinturas
malerskrin

tijera
saks

pegamento
lim

cuaderno de ejercicios
arbeidsbok

tarea
lekse

número
tall

sumar
addere

restar
subtrahere

multiplicar
multiplisere

calcular
regne

letra
bokstav

abecedario
alfabet

palabra
ord

colegio - skole

3

texto
....
tekst

leer
....
lese

tiza
....
kritt

lección
....
skoletime

cuaderno de clase
....
klassebok

examen
....
eksamen

certificado
....
vitnemål

uniforme escolar
....
skoleuniform

educación
....
utdannelse

enciclopedia
....
leksikon

universidad
....
universitet

microscopio
....
mikroskop

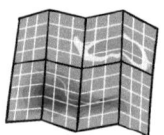

mapa
....
kart

tacho (de basura)
....
papirkurv

hotel
hotell

Grand

hostel
pensjonat

ROOMS

casa de cambio
vekslingskontor

EXCHANGE

valija
koffert

auto
bil

idioma

språk

sí / no

ja / nei

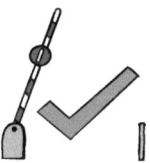

Está bien

okay

hola

Hei

traductor

tolk

Gracias

takk skal du ha

¿cuánto cuesta...?

Hva koster...?

No entiendo

Jeg forstår ikke

problema

problem

¡Buenas tardes!

God kveld!

¡Buenos días!

God morgen!

¡Buenas noches!

God natt!

adiós

ha det bra

dirección

retning

equipaje

bagasje

bolso

veske

mochila

ryggsekk

invitado

gjest

habitación

rom

bolsa de dormir

sovepose

carpa

telt

información turística

turistinformasjon

playa

strand

tarjeta de crédito

kredittkort

desayuno

frokost

almuerzo

lunsj

cena

middag

pasaje

billett

ascensor

heis

sello

stempel

frontera

grense

aduana

toll

embajada

ambassade

visa

visum

pasaporte

pass

transporte
transport

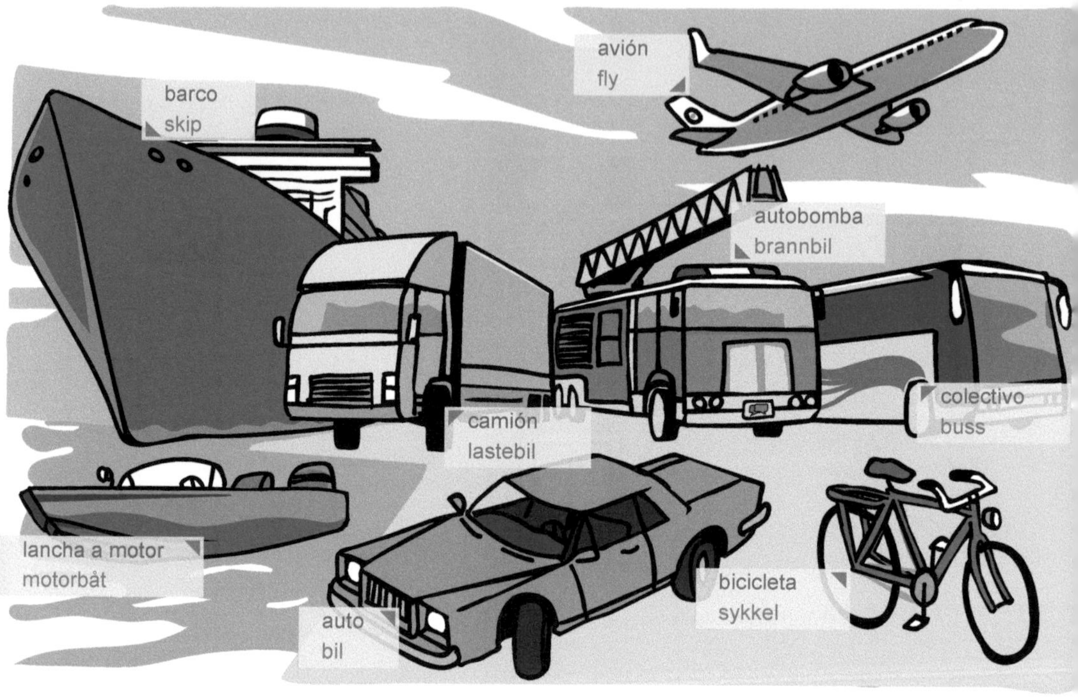
avión
fly
barco
skip
autobomba
brannbil
colectivo
buss
camión
lastebil
lancha a motor
motorbåt
bicicleta
sykkel
auto
bil

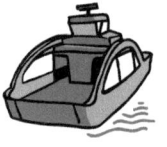

ferry
ferge

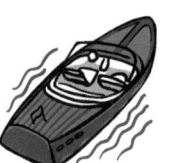

bote
båt

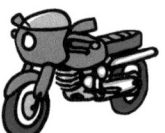

moto
motorsykkel

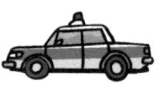

patrullero
politibil

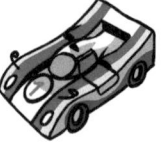

auto de carreras
racerbil

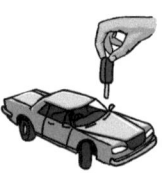

auto de alquiler
leiebil

alquiler de autos
bilkollektiv

grúa
bergingsbil

camión de basura
søppelbil

motor
motor

nafta
brennstoff

estación de servicio
bensinstasjon

señal de tránsito
trafikkskilt

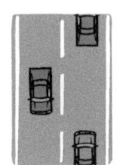

tránsito
trafikk

embotellamiento
trafikkork

estacionamiento
parkeringsplass

estación de tren
togstasjon

vías
skinne

tren
tog

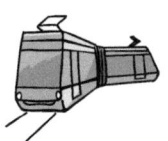

tranvía
trikk

vagón
vogn

helicóptero

helikopter

aeropuerto

flyplass

torre

tårn

pasajero

passasjer

contenedor

konteiner

caja de cartón

kartong

carretilla

tralle

canasta

kurv

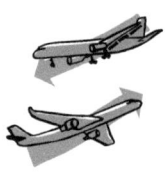

despegar / aterrizar

starte / lande

ciudad

by

pueblo

landsby

centro de ciudad

sentrum

casa

hus

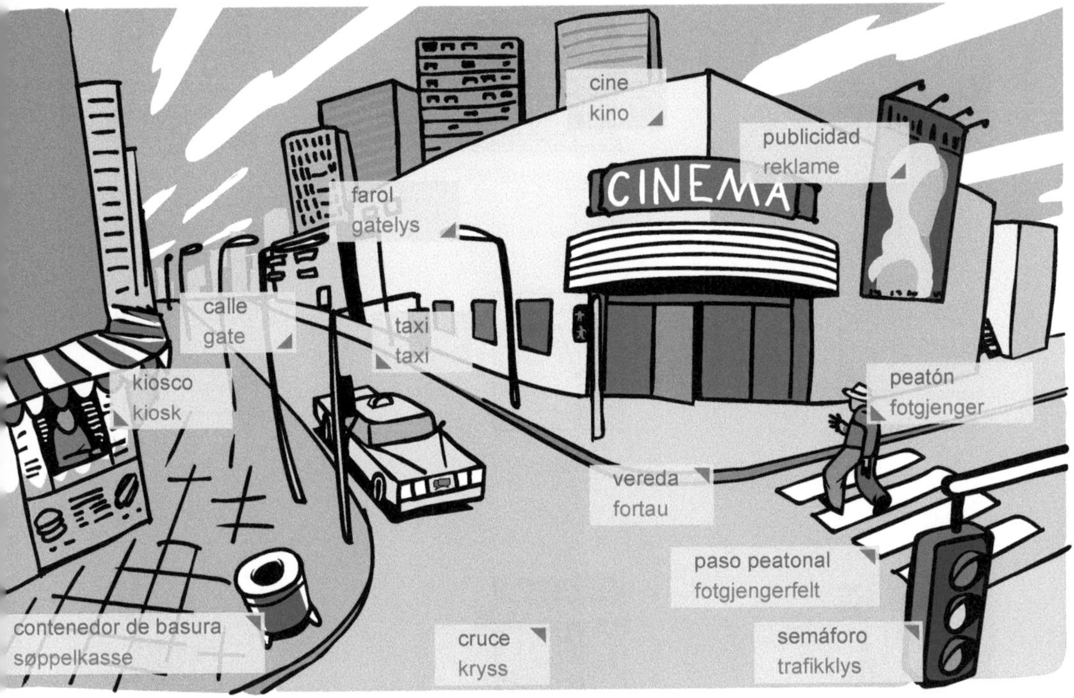

cine
kino

publicidad
reklame

farol
gatelys

CINEMA

calle
gate

taxi
taxi

kiosco
kiosk

peatón
fotgjenger

vereda
fortau

paso peatonal
fotgjengerfelt

contenedor de basura
søppelkasse

cruce
kryss

semáforo
trafikklys

cabaña
hytte

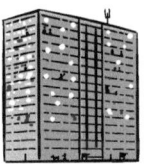

departamento
leilighet

estación de tren
togstasjon

municipalidad
rådhus

museo
museum

colegio
skole

universidad

universitet

banco

bank

hospital

sykehus

hotel

hotell

farmacia

apotek

oficina

kontor

librería

bokhandel

negocio

butikk

florería

blomsterbutikk

supermercado

matbutikk

mercado

marked

grandes tiendas

varehus

pescadería

fiskehandler

centro comercial

kjøpesenter

puerto

havn

parque

park

banco

benk

puente

bro

escaleras

trapp

subte

t-bane

túnel

tunnel

parada del colectivo

busstopp

bar

bar

restaurante

restaurant

buzón

postkasse

letrero

gateskilt

parquímetro

parkometer

zoológico

dyrehage

pileta

svømmebasseng

mezquita

moské

granja
bondegård

contaminación
miljøforurensing

cementerio
kirkegård

iglesia
kirke

juegos infantiles
lekeplass

templo
tempel

paisaje
landskap

hoja
blad

poste indicador
veiviser

camino
vei

pradera
eng

piedra
stein

árbol
tre

excursionista
turgåer

río
elv

hierba
gress

flor
blomst

valle
dal

montaña
fjell

lago
innsjø

bosque
skog

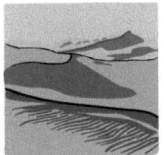

desierto
ørken

volcán
vulkan

castillo
slott

arco iris
regnbue

champiñón
sopp

palmera
palmetre

mosquito
mygg

mosca
flue

hormiga
maur

abeja
bie

araña
edderkopp

escarabajo
bille

rana
frosk

ardilla
ekorn

erizo
piggsvin

liebre
hare

lechuza
ugle

pájaro
fugl

cisne
svane

jabalí
villsvin

ciervo
hjort

alce
elg

presa
demning

aerogenerador
vindturbin

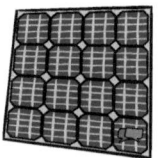

panel solar
solcellepanel

clima
klima

restaurante
restaurant

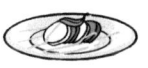

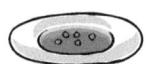

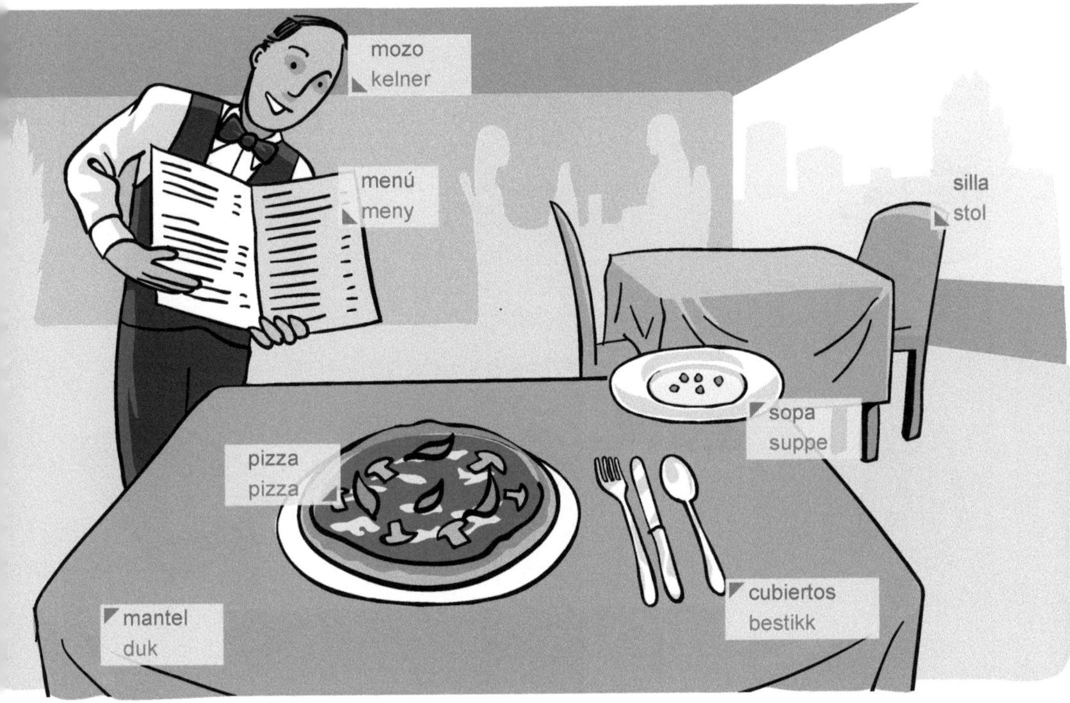

mozo
kelner
menú
meny
silla
stol
sopa
suppe
pizza
pizza
cubiertos
bestikk
mantel
duk

entrada
forrett

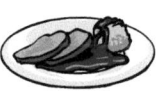

plato principal
hovedrett

postre
dessert

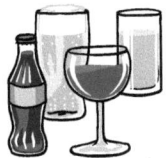

bebidas
drikkevarer

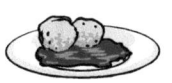

comida
mat

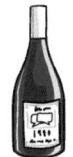

botella
flaske

comida rápida
hurtigmat

comida callejera
gatemat

tetera
tekanne

azucarera
sukkerskål

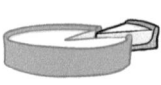

porción
porsjon

cafetera expreso
espressomaskin

sillita alta
barnestol

cuenta
regning

bandeja
brett

cuchillo
kniv

tenedor
gaffel

cuchara
skje

cucharita
teskje

servilleta
serviett

vaso
glass

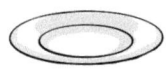

plato
tallerken

plato hondo
suppetallerken

plato
skål

salsa
saus

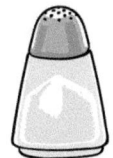

salero
saltbøsse

molinillo de pimienta
pepperkvern

vinagre
eddik

aceite
olje

especias
krydder

kétchup
ketchup

mostaza
sennep

mayonesa
majones

supermercado

matbutikk

oferta especial
tilbud
FOR
cliente
kunde
lácteos
meieriprodukt
fruta
frukt
changuito
handlevogn

BUTCHERS

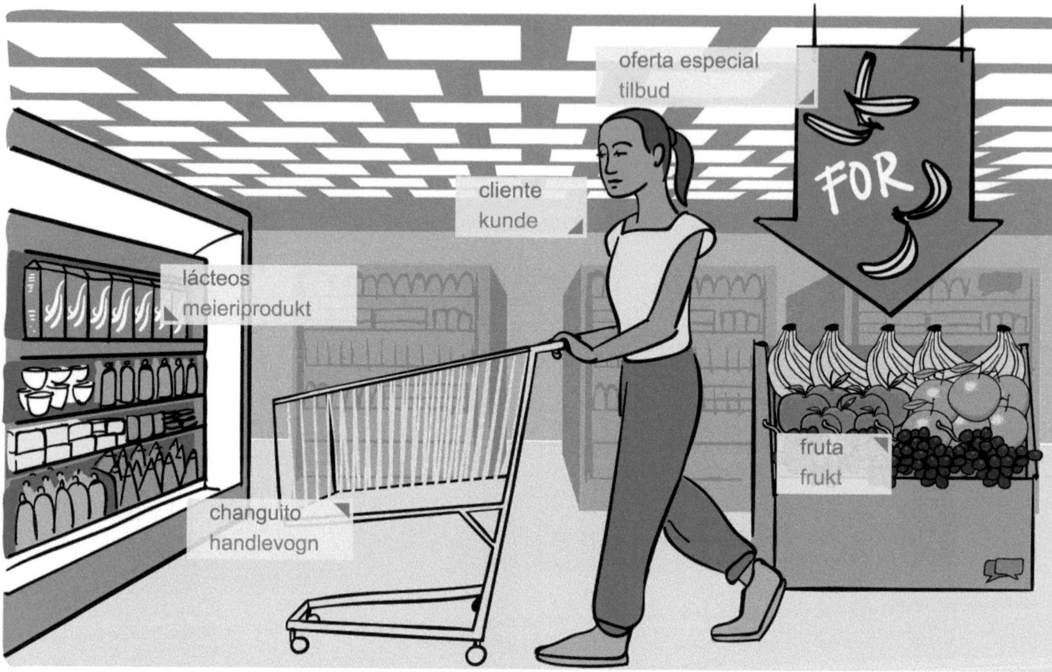

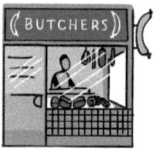

carnicería

slakter

BAKERY

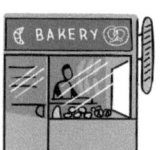

panadería

bakeri

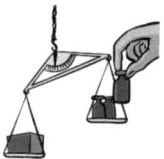

pesar

veie

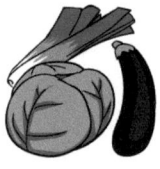

verduras

grønnsaker

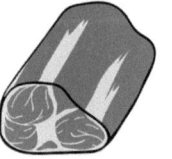

carne

kjøtt

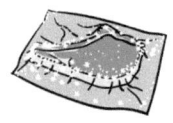

alimentos congelados

frysevarer

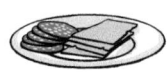

fiambres

oppskåret pålegg

alimentos enlatados

hermetikk

detergente en polvo

vaskepulver

golosinas

godteri

electrodomésticos

husholdningsprodukter

productos de limpieza

rengjøringsmidler

vendedora

butikkmedarbeider

caja

kassaapparat

cajero

kasserer

lista de compras

handleliste

horario de atención

åpningstider

billetera

lommebok

tarjeta de crédito

kredittkort

cartera

veske

bolsa de plástico

plastpose

agua

vann

jugo

juice

leche

melk

bebida cola

cola

vino

vin

cerveza

øl

alcohol

alkohol

cacao

kakao

té

te

café

kaffe

café expreso

espresso

cappuccino

cappuccino

banana

banan

manzana

eple

naranja

appelsin

melón

melon

limón

sitron

zanahoria

gulrot

ajo

hvitløk

bambú

bambus

cebolla

løk

champiñón

sopp

nueces

nøtter

fideos

nudler

tallarines

spagetti

arroz

ris

ensalada

salat

papas fritas

pommes frites

papas fritas

stekte poteter

pizza

pizza

hamburguesa

hamburger

sándwich

sandwich

churrasco

biff

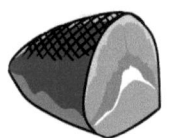

jamón

skinke

salame

salami

salchicha

pølse

pollo

kylling

asado

stek

pescado

fisk

copos de avena

havregryn

muesli

müsli

copos de maíz

cornflakes

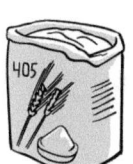

harina

mel

medialuna

croissant

pancito

rundstykke

pan

brød

tostada

ristet brød

galletitas

kjeks

manteca

smør

cuajada

kvarg

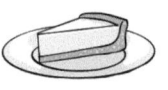

torta

kake

huevo

egg

huevo frito

speilegg

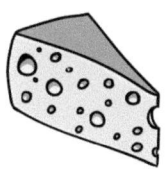

queso

ost

helado

iskrem

azúcar

sukker

miel

honning

mermelada

syltetøy

pasta de chocolate

sjokoladepålegg

curry

karri

granja
bondegård

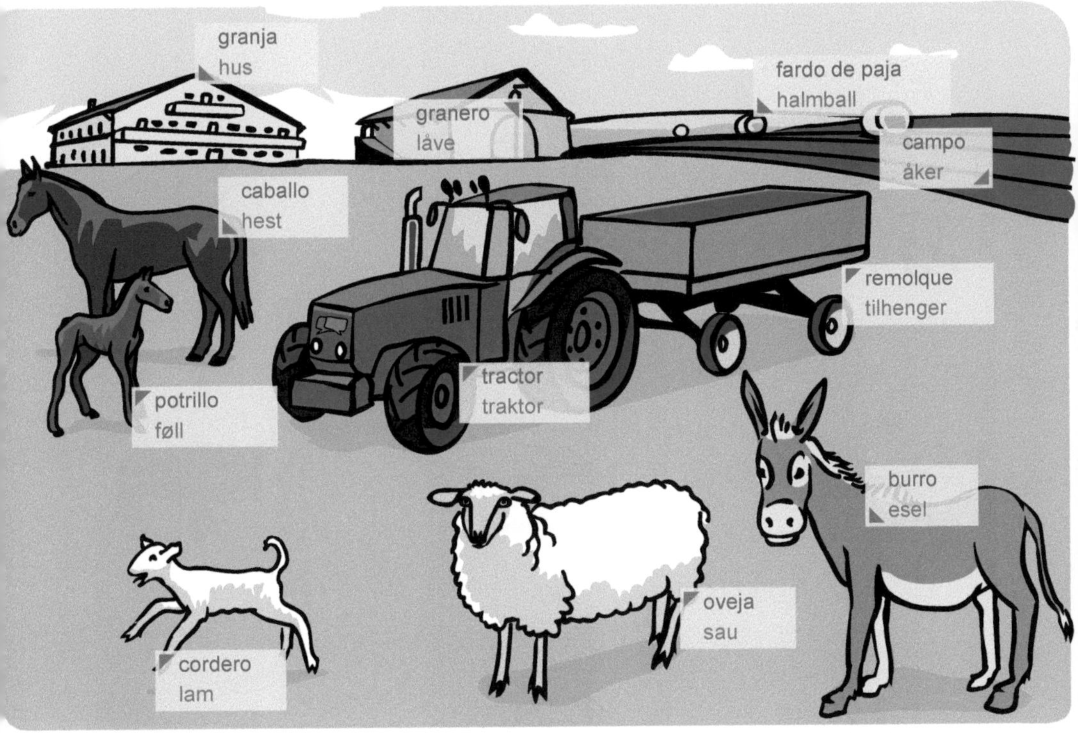
granja
hus
fardo de paja
halmball
granero
låve
campo
åker
caballo
hest
remolque
tilhenger
tractor
traktor
potrillo
føll
burro
esel
oveja
sau
cordero
lam

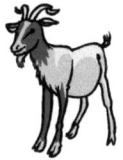

cabra
geit

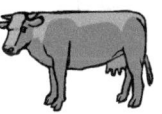

vaca
ku

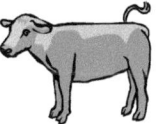

ternero
kalv

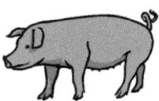

cerdo
gris

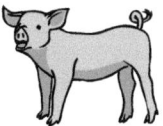

lechón
grisunge

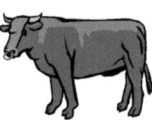

toro
okse

ganso
gås

pato
and

pollo
kylling

gallina
høne

gallo
hane

rata
rotte

gato
katt

ratón
mus

buey
okse

perro
hund

cucha
hundehus

manguera
hageslange

regadera
vannkanne

guadaña
ljå

arado
plog

hoz
sigd

azada
hakke

horquilla
høygaffel

hacha
øks

carretilla
trillebår

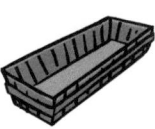

abrevadero
trau

lechera
melkekanne

bolsa
sekk

reja
gjerde

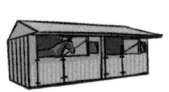

establo
fjøs

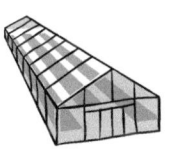

invernadero
drivhus

suelo
jord

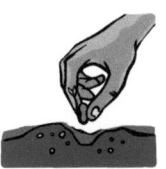

semilla
frø

fertilizador
gjødsel

cosechadora
skurtresker

cosechar
høste

cosecha
innhøsting

batatas
yams

trigo
hvete

soja
soja

papa
potet

maíz
mais

semilla de colza
raps

árbol frutal
frukttre

mandioca
kassava

cereales
korn

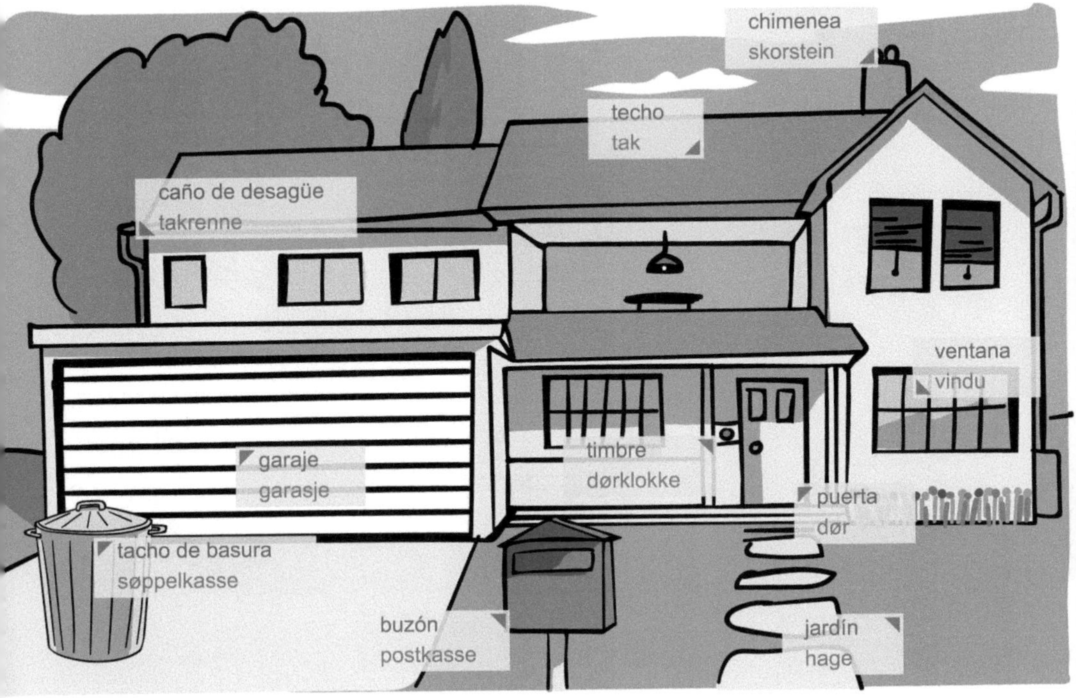

chimenea
skorstein

techo
tak

caño de desagüe
takrenne

ventana
vindu

garaje
garasje

timbre
dørklokke

puerta
dør

tacho de basura
søppelkasse

buzón
postkasse

jardín
hage

living
....
stue

baño
....
bad

cocina
....
kjøkken

dormitorio
....
soverom

cuarto de los chicos
....
barnerom

comedor
....
spisestue

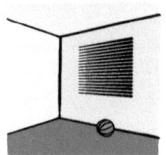

piso
gulv

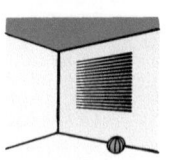

pared
vegg

cielorraso
tak

sótano
kjeller

sauna
badstue

balcón
balkong

terraza
terrasse

pileta
svømmebasseng

cortadora de pasto
gressklipper

sábana
laken

acolchado
dyne

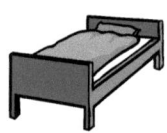

cama
seng

escoba
kost

balde
bøtte

interruptor
bryter

living

stue

empapelado
tapet
imagen
bilde
lámpara
lampe
estante
hylle
armario
skap
televisión
tv
chimenea
peis
flor
blomst
almohadón
pute
sofá
sofa
florero
vase
control remoto
fjernkontroll

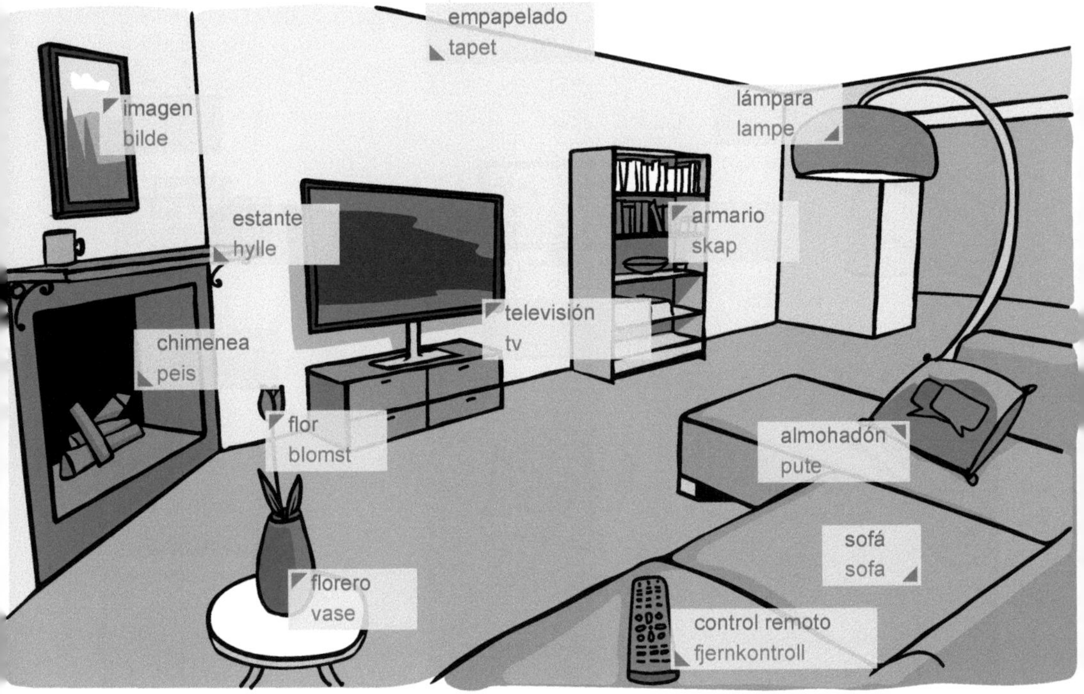

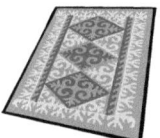

alfombra

gulvteppe

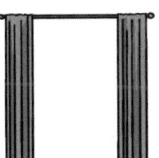

cortina

gardin

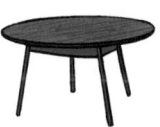

mesa

bord

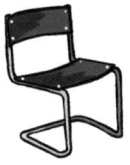

silla

stol

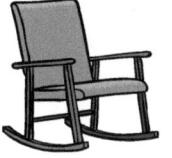

mecedora

gyngestol

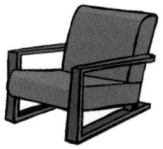

sillón

lenestol

libro

bok

frazada

teppe

decoración

dekorasjon

leña

ved

película

film

equipo de música

stereoanlegg

llave

nøkkel

diario

avis

pintura

maleri

póster

plakat

radio

radio

cuaderno

notatblokk

aspiradora

støvsuger

cactus

kaktus

vela

lys

cocina
kjøkken

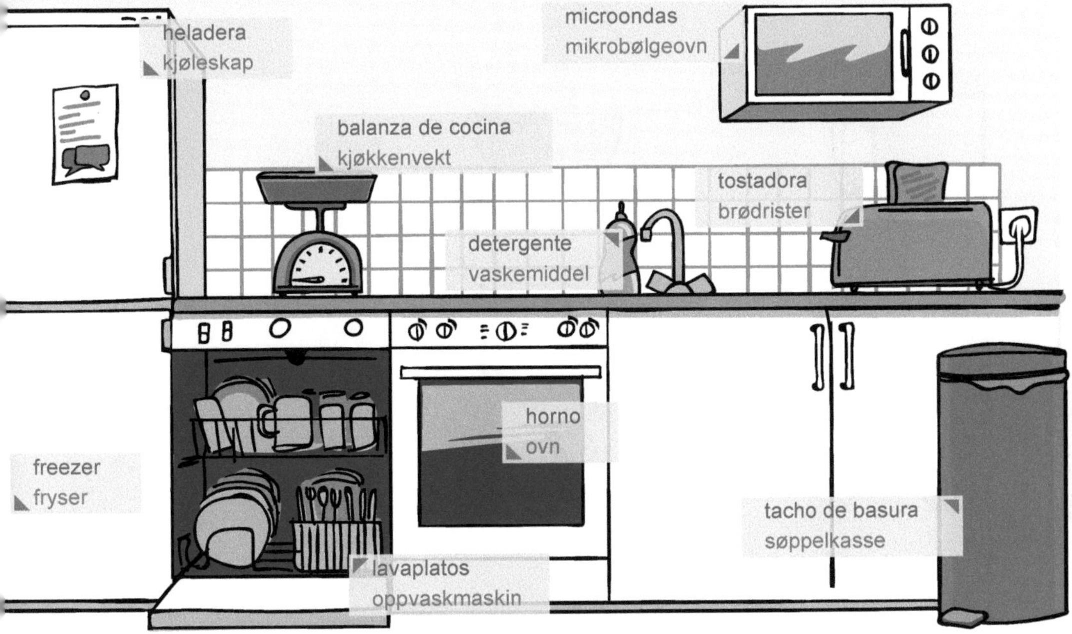
heladera
kjøleskap
microondas
mikrobølgeovn
balanza de cocina
kjøkkenvekt
tostadora
brødrister
detergente
vaskemiddel
horno
ovn
freezer
fryser
tacho de basura
søppelkasse
lavaplatos
oppvaskmaskin

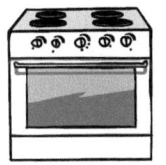

cocina

komfyr

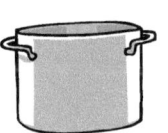

olla

gryte

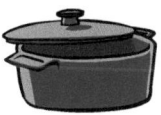

olla de hierro fundido

jerngryte

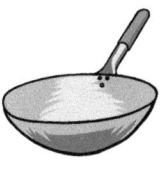

wok

wokpanne

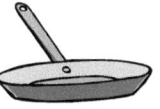

sartén

panne

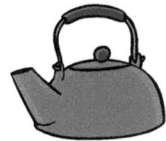

pava

vannkoker

vaporera

dampovn

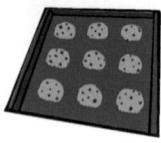

bandeja de horno

stekebrett

vajilla

servise

taza

krus

bol

bolle

palitos

spisepinner

cucharón

øse

estpátula

stekespade

batidora

visp

colador

sil

colador

sil

rallador

rivjern

mortero

mørtel

parrilla

grill

fogata

bål

tabla de picar

skjærefjøl

palo de amasar

kjevle

sacacorchos

korketrekker

lata

boks

abrelatas

boksåpner

manopla

gryteklut

pileta

vask

cepillo

børste

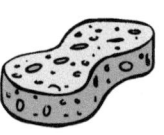

esponja

svamp

batidora

blender

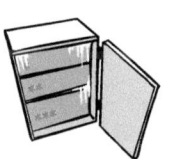

congelador

fryseboks

mamadera

tåteflaske

canilla

kran

calefacción
varme

ducha
dusj

toalla
håndkle

cortina de ducha
dusjforheng

baño de espuma
skumbad

bañadera
badekar

vaso
glass

lavarropas
vaskemaskin

canilla
kran

baldosas
fliser

pelela
potte

pileta
vask

inodoro

toalett

letrina

ståtoalett

bidé

bidet

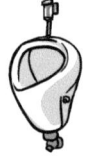

mingitorio

pissoar

papel higiénico

toalettpapir

cepillo para el inodoro

toalettbørste

cepillo de dientes

tannbørste

dentífrico

tannkrem

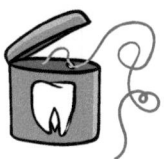

hilo dental

tanntråd

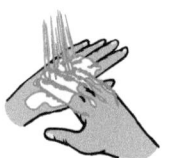

lavar

vaske

ducha de mano

hånddusj

ducha higiénica

intimdusj

palangana

oppvaskbalje

cepillo para espalda

ryggbørste

jabón

såpe

gel de ducha

dusjsåpe

shampoo

sjampo

toallita

vaskeklut

desagüe

avløp

crema

krem

desodorante

deodorant

espejo

speil

espejito

håndspeil

maquinita de afeitar

barberhøvel

espuma de afeitar

barberskum

aftershave

barberingsvann

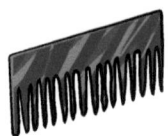

peine

kam

cepillo

børste

secador de pelo

hårføner

spray

hårspray

maquillaje

sminke

lápiz de labios

lebestift

esmalte para uñas

neglelakk

algodón

bomullsdott

tijera para uñas

neglesaks

perfume

parfyme

portacosméticos

toalettmappe

banqueta

krakk

balanza

vekt

bata

badekåpe

guantes de goma

gummihansker

tampón

tampong

toallita femenina

sanitetsbind

baño químico

kjemisk toalett

cuarto de los chicos
barnerom

despertador
vekkerklokke
peluche
kosedyr
coche de juguete
lekebil
sonajero
rangle
casa de muñecas
dukkehus
regalo
gave

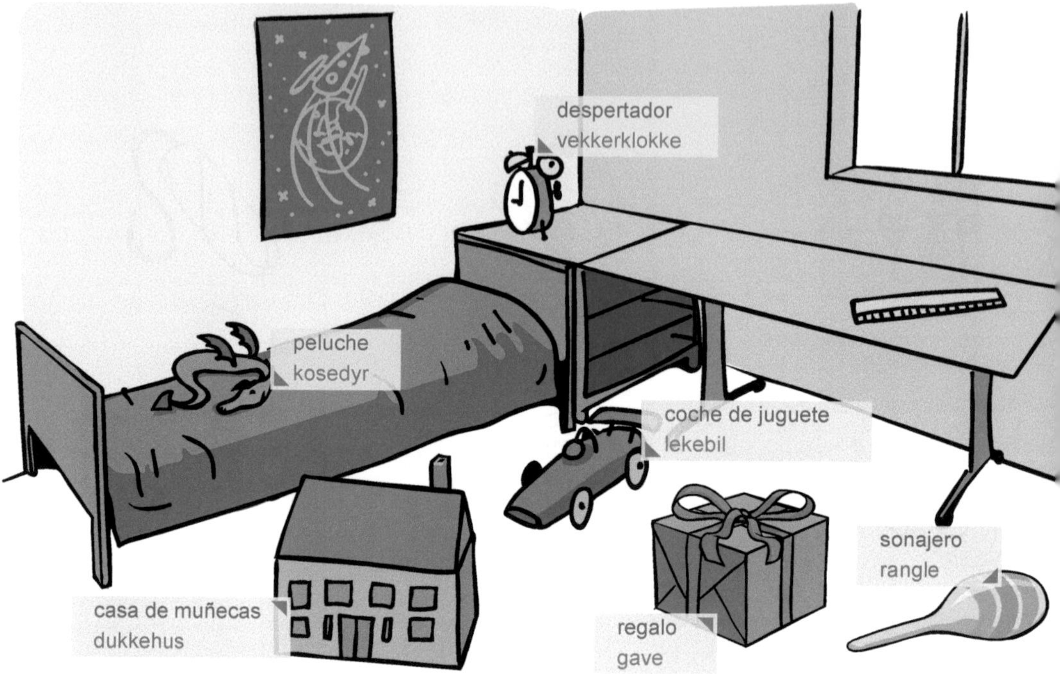

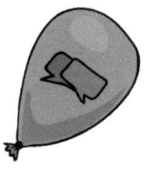

globo

ballong

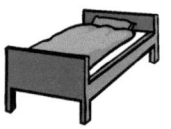

cama

seng

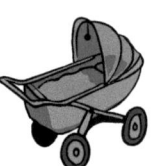

cochecito

barnevogn

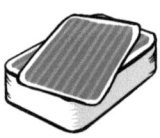

cartas

kortstokk

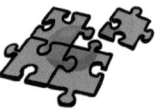

rompecabezas

puslespill

SUPER MEGA

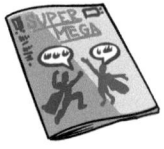

historieta

tegneserie

piezas de lego

lego klosser

ladrillos de juguete

byggeklosser

figura de acción

actionfigur

enterito (de bebé)

sparkebukse

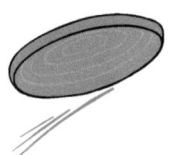

frisbee

frisbee

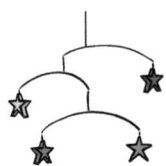

móvil para bebés

uro

juego de mesa

brettspill

dados

terning

tren eléctrico

togbane

chupete

smokk

fiesta

fest

libro de cuentos ilustrado

bildebok

pelota

ball

muñeca

dukke

jugar

leke

arenero

sandkasse

hamaca

gynge

juguetes

leketøy

consola de videojuegos

spillekonsoll

triciclo

trehjulssykkel

osito de peluche

bamse

armario

garderobeskap

ropa
klær

medias

sokker

medias panty

strømper

calzas

strømpebukse

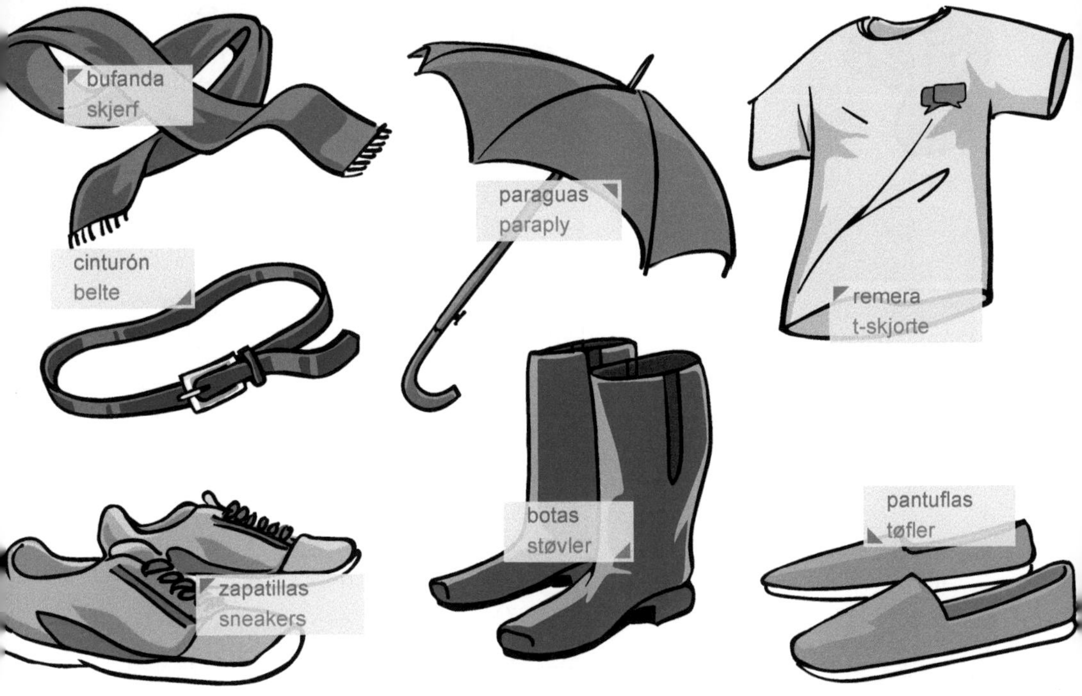

bufanda
skjerf

cinturón
belte

paraguas
paraply

remera
t-skjorte

zapatillas
sneakers

botas
støvler

pantuflas
tøfler

sandalias
....
sandaler

zapatos
....
sko

botas de goma
....
gummistøvler

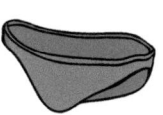

ropa interior
....
underbukse

corpiño
....
BH

chaleco
....
undertrøye

body
body

pantalones
bukse

jeans
dongeribukse

pollera
skjørt

blusa
bluse

camisa
skjorte

pulóver
genser

buzo
hettegenser

blazer
dressjakke

campera
jakke

tapado
kåpe

piloto
regnjakke

traje
drakt

vestido
kjole

vestido de novia
brudekjole

traje
dress

camisón
nattkjole

pijama
pyjamas

sari
sari

pañuelo para cabeza
skaut

turbante
turban

burka
burka

caftán
kaftan

abaya
abaya

traje de baño
badedrakt

short de baño
badebukse

shorts
shorts

jogging
treningsklær

delantal
forkle

guantes
handske

botón
knapp

anteojos
brille

pulsera
armbånd

collar
kjede

anillo
ring

aro
øredobb

gorra
lue

percha
kleshenger

sombrero
hatt

corbata
slips

cierre
glidelås

casco
hjelm

tiradores
bukseseler

uniforme escolar
skoleuniform

uniforme
uniform

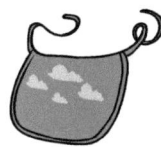

babero

smekke

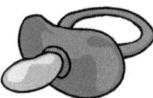

chupete

smokk

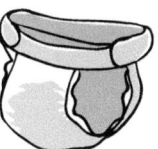

pañal

bleie

oficina

kontor

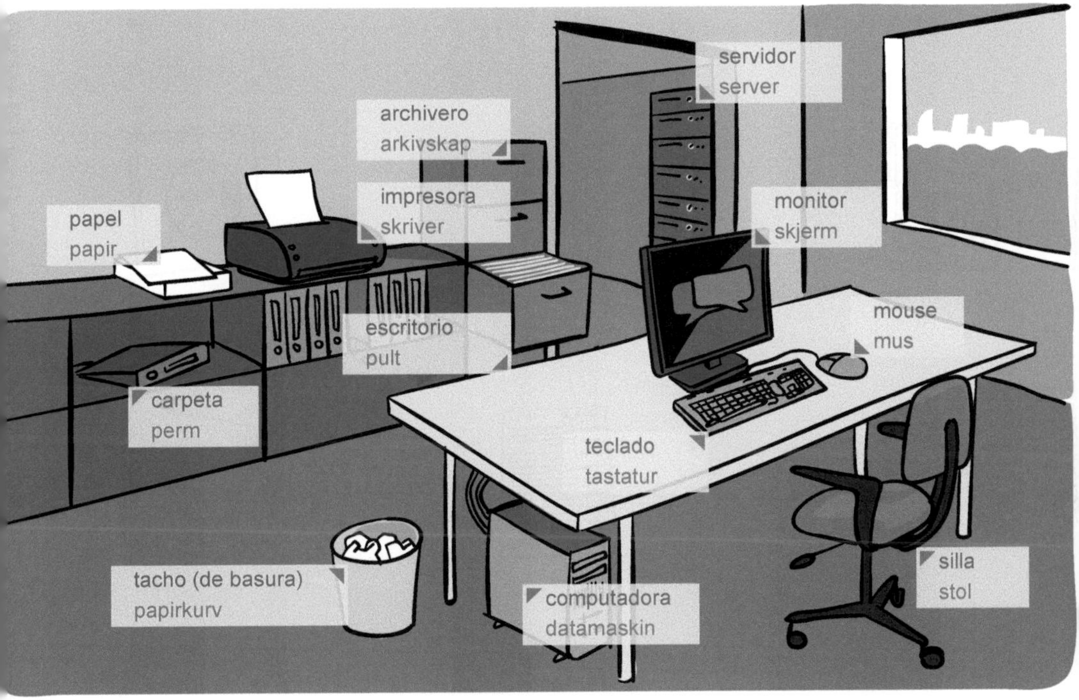
servidor
server
archivero
arkivskap
impresora
skriver
papel
papir
monitor
skjerm
mouse
mus
escritorio
pult
carpeta
perm
teclado
tastatur
tacho (de basura)
papirkurv
computadora
datamaskin
silla
stol

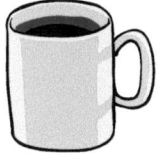

taza de café

kaffekopp

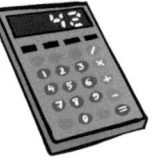

calculadora

kalkulator

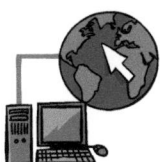

internet

internett

laptop

bærbar pc

carta

brev

mensaje

beskjed

celular

mobiltelefon

red

nettverk

fotocopiadora

kopimaskin

software

programvare

teléfono

telefon

tomacorriente

stikkontakt

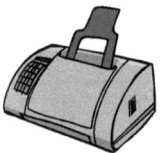

fax

faksmaskin

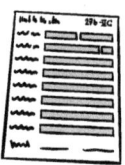

formulario

skjema

documento

dokument

comprar
kjøpe

pagar
betale

hacer negocios
handle

dinero
penger

dólar
dollar

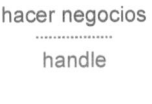

euro
euro

yen
yen

rublo
rubel

franco suizo
sveitserfranc

yuan
renminbi

rupia
rupi

cajero automático
minibank

casa de cambio

vekslingskontor

oro

gull

plata

sølv

petróleo

olje

energía

energi

precio

pris

contrato

kontrakt

impuesto

avgift

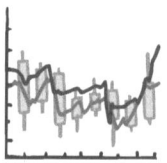

acción

aksje

trabajar

jobbe

empleado

ansatt

empleador

arbeitsgiver

fábrica

fabrikk

negocio

butikk

ocupaciones
yrker

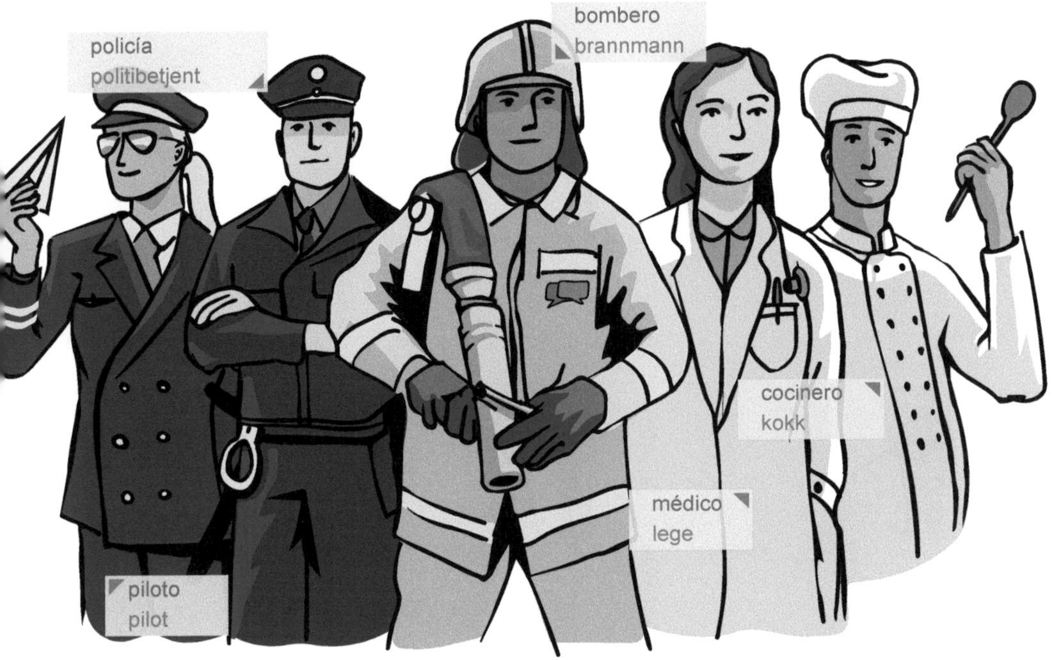
policía
politibetjent
bombero
brannmann
cocinero
kokk
médico
lege
piloto
pilot

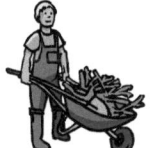

jardinero

gartner

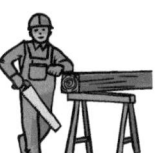

carpintero

snekker

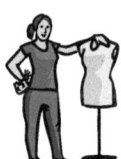

modista

syerske

juez

dommer

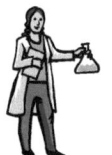

farmacéutico

kjemiker

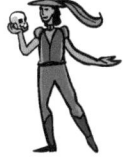

actor

skuespiller

colectivero

bussjåfør

taxista

taxisjåfør

pescador

fisker

mucama

vaskedame

techista

taktekker

mozo

kelner

cazador

jeger

pintor

maler

panadero

baker

electricista

elektriker

albañil

bygningsarbeider

ingeniero

ingeniør

carnicero

slakter

plomero

rørlegger

cartero

postbud

soldado

soldat

arquitecto

arkitekt

cajero

kasserer

florista

blomsterhandler

peluquero

frisør

cobrador

konduktør

mecánico

mekaniker

capitán

kaptein

dentista

tannlege

científico

forsker

rabino

rabbi

imán

imam

monje

munk

sacerdote

prest

herramientas
verktøy

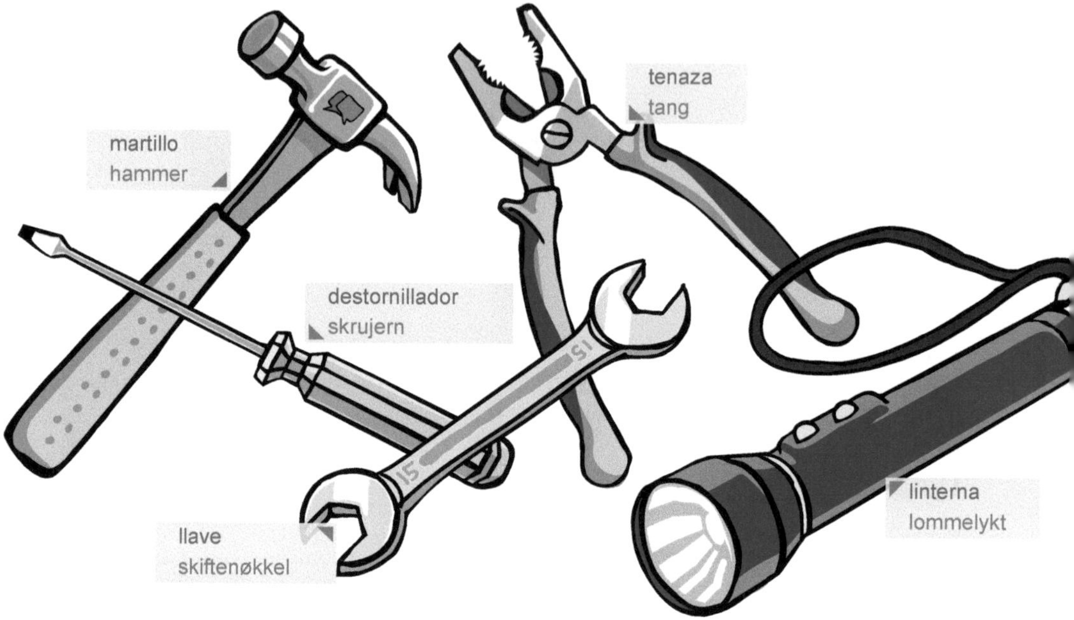
tenaza
tang
martillo
hammer
destornillador
skrujern
llave
skiftenøkkel
linterna
lommelykt

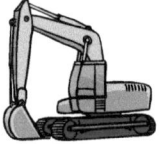

excavadora

gravemaskin

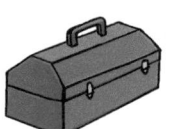

caja de herramientas

verktøykasse

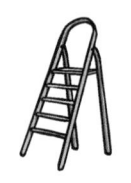

escalera portátil

stige

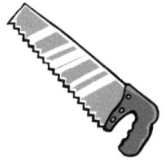

sierra

sag

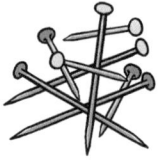

clavos

spiker

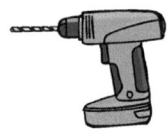

taladro

bor

arreglar

reparere

pala de jardín

spade

¡Qué bronca!

Søren!

pala de plástico

feiebrett

tacho de pintura

malingsspann

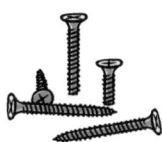

tornillos

skruer

instrumentos musicales
musikkinstrument

parlante
høyttaler

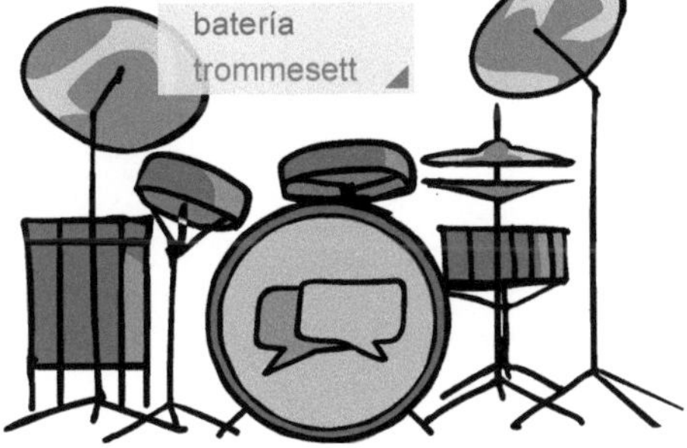

batería
trommesett

contrabajo
kontrabass

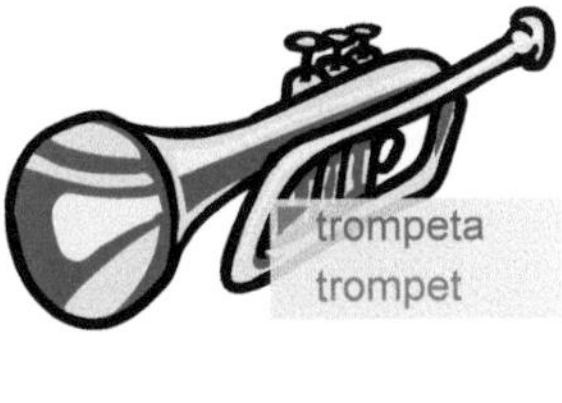

trompeta
trompet

guitarra
gitar

piano
piano

violín
fiolin

bajo
bass

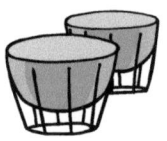

timbales
pauke

tambor
trommer

teclado
keyboard

saxofón
saksofon

flauta
fløyte

micrófono
mikrofon

zoológico
dyrehage

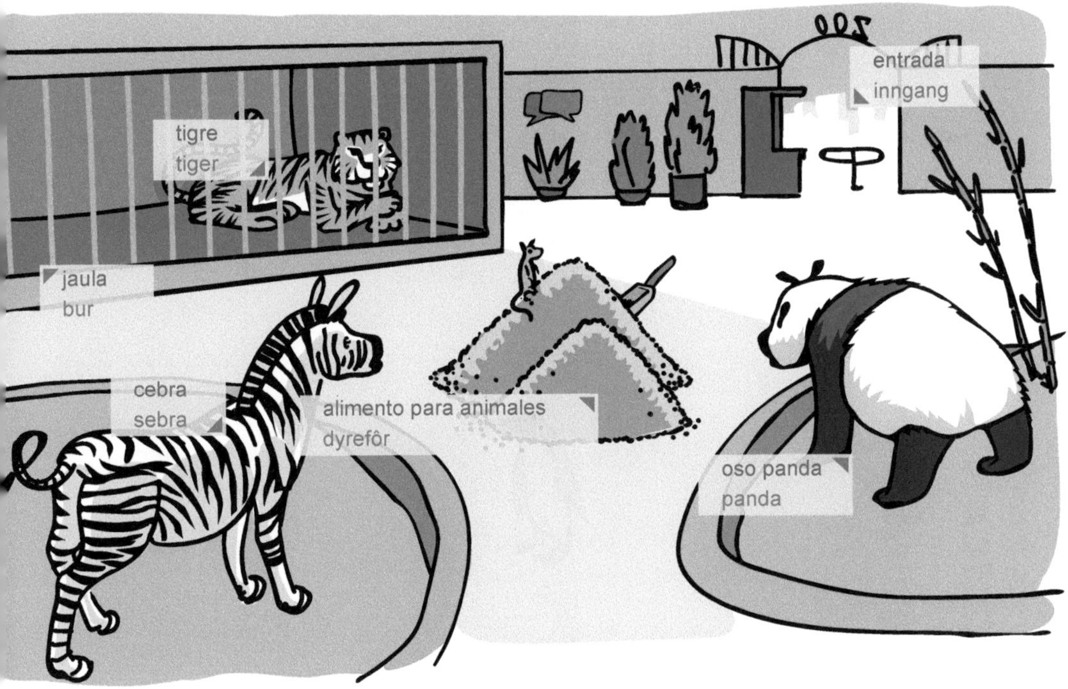

entrada
inngang
tigre
tiger
jaula
bur
cebra
sebra
alimento para animales
dyrefôr
oso panda
panda

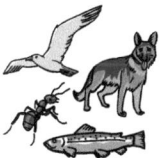

animales

dyr

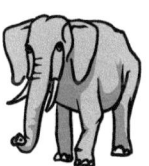

elefante

elefant

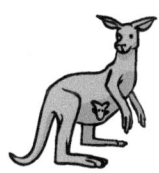

canguro

kenguru

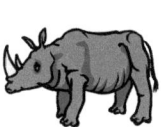

rinoceronte

neshorn

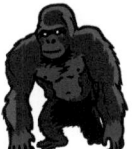

gorila

gorilla

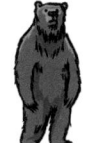

oso

bjørn

camello

kamel

avestruz

struts

león

løve

mono

ape

flamenco

flamingo

loro

papegøye

oso polar

isbjørn

pingüino

pingvin

tiburón

hai

pavo real

påfugl

serpiente

slange

cocodrilo

krokodille

cuidador del zoológico

dyrepasser

foca

sel

jaguar

jaguar

poni
ponni

leopardo
leopard

hipopótamo
flodhest

jirafa
giraff

águila
ørn

jabalí
villsvin

pescado
fisk

tortuga
skilpadde

morsa
hvalross

zorro
rev

gacela
gaselle

zoológico - dyrehage

fútbol americano
amerikansk fotball

ciclismo
sykling

tenis
tennis

básquet
basketball

natación
svømming

boxeo
boksing

hockey sobre hielo
ishockey

fútbol
fotball

bádminton
badminton

atletismo
friidrett

handball
håndball

esquí
stå på ski

polo
polo

actividades
aktiviteter

reír
le
saltar
hoppe
abrazar
klemme
caminar
gå
cantar
synge
soñar
drømme
rezar
be
besar
kysse

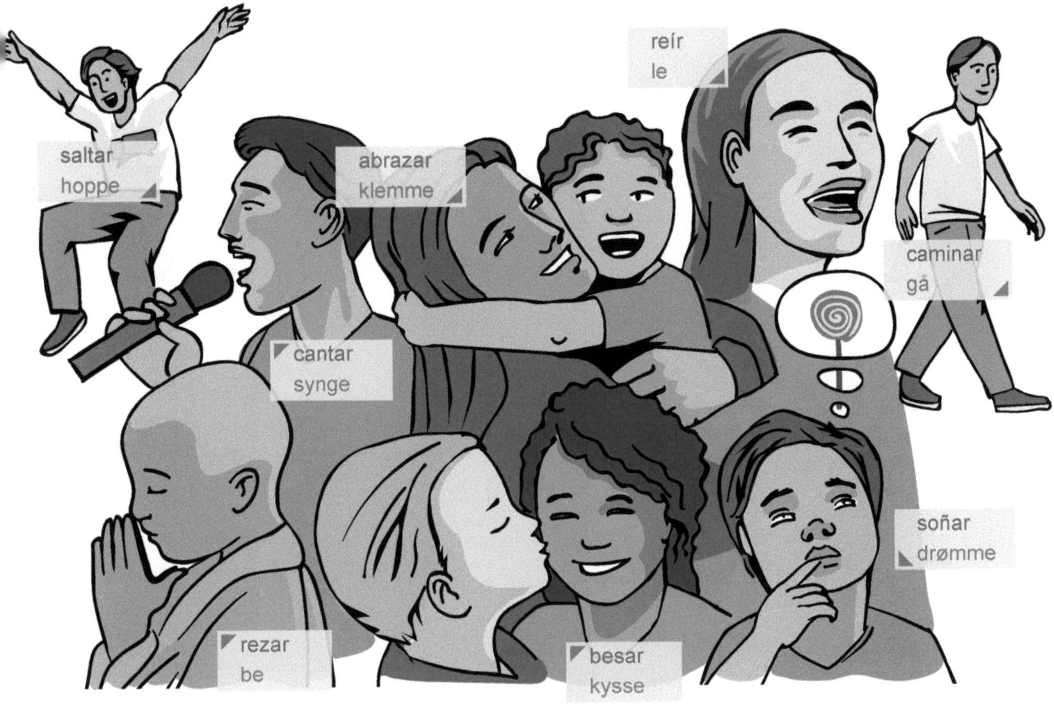

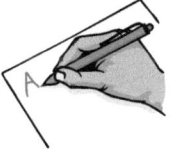

escribir

skrive

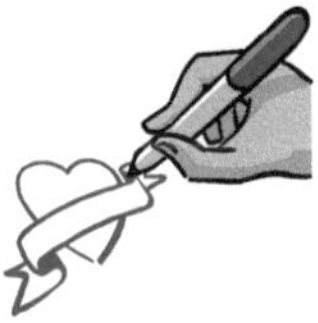

dibujar

tegne

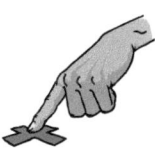

mostrar

vise

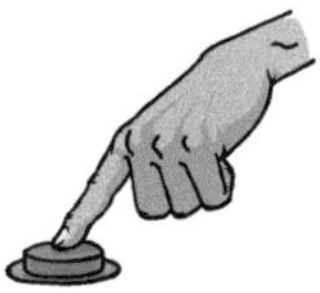

presionar

trykke

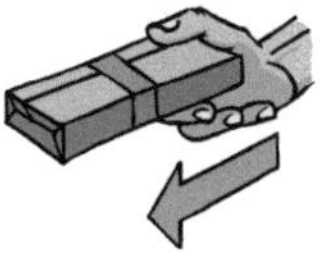

dar

gi

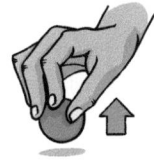

tomar

ta

tener
ha

hacer
gjøre

ser
være

estar parado
stå

correr
løpe

tirar
dra

tirar
kaste

caer
falle

estar acostado
ligge

esperar
vente

llevar
bære

estar sentado
sitte

vestirse
kle på

dormir
sove

despertar
våkne

mirar

se på

llorar

gråte

acariciar

stryke

peinar

gre

hablar

snakke

entender

forstå

preguntar

spørre

escuchar

høre

beber

drikke

comer

spise

ordenar

rydde

amar

elske

cocinar

lage mat

manejar

kjøre

volar

fly

actividades - aktiviteter

navegar

seile

calcular

regne

leer

lese

aprender

lære

trabajar

jobbe

casarse

gifte seg

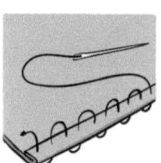

coser

sy

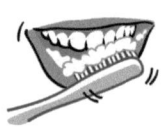

cepillarse los dientes

pusse tenner

matar

drepe

fumar

røyke

enviar

sende

abuela
bestemor

abuelo
bestefar

padre
far

madre
mor

bebé
baby

hija
datter

hijo
sønn

invitado

gjest

tía

tante

tío

onkel

hermano

bror

hermana

søster

cuerpo
kropp

frente
panne
ojo
øye
hombro
skulder
dedo
finger
cara
fjes
pera
hake
mano
hånd
pierna
ben
pecho
bryst
brazo
arm

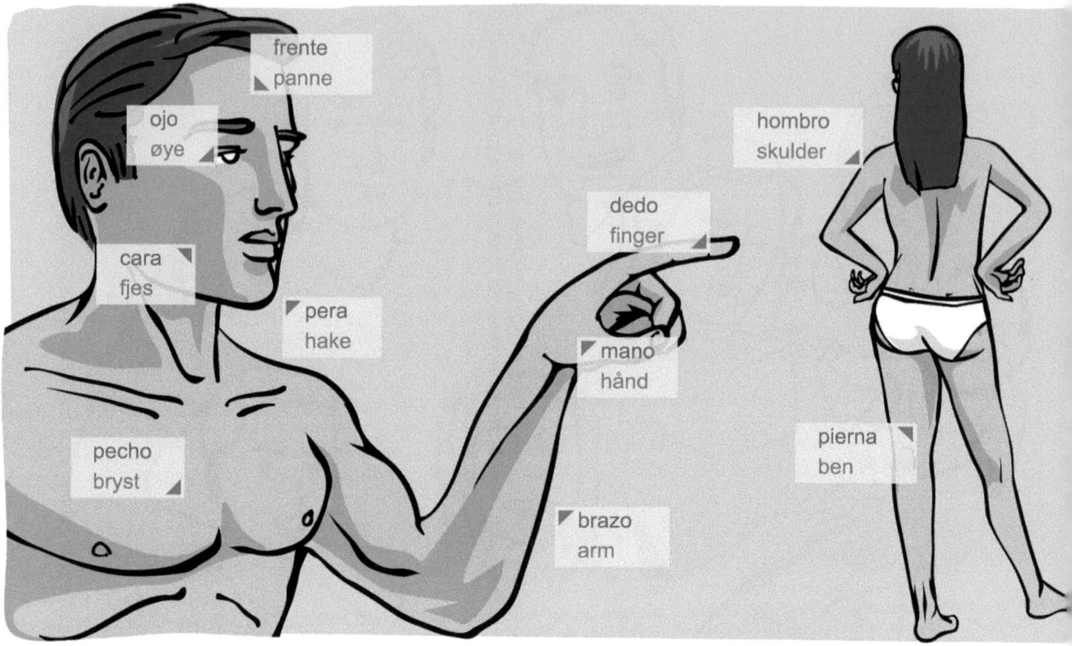

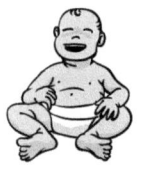

bebé
baby

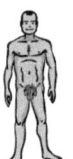

hombre
mann

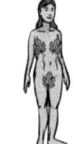

mujer
kvinne

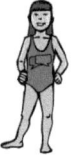

nena
jente

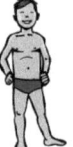

nene
gutt

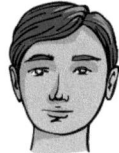

cabeza
hode

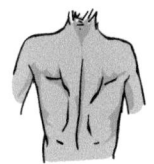

espalda

rygg

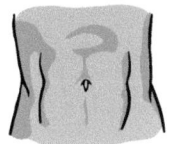

panza

mage

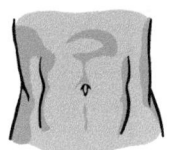

ombligo

navle

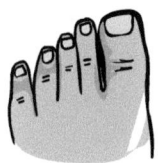

dedo del pie

tå

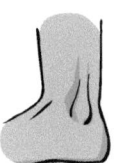

talón

hæl

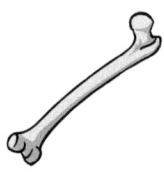

hueso

bein

cadera

hofte

rodilla

kne

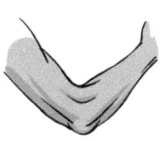

codo

albue

nariz

nese

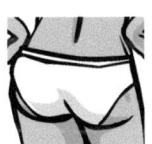

cola

rumpe

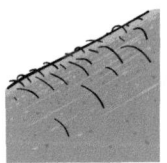

piel

hud

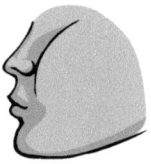

cachete

kinn

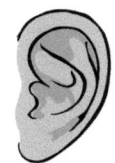

oreja

øre

labio

leppe

boca

munn

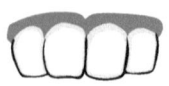

diente

tann

lengua

tunge

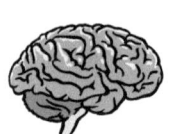

cerebro

hjerne

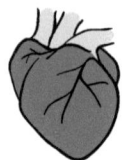

corazón

hjerte

músculo

muskel

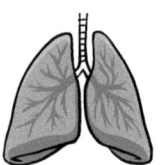

pulmón

lunge

hígado

lever

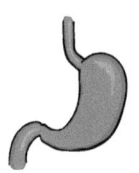

estómago

magesekk

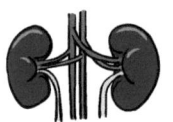

riñones

nyrer

sexo

samleie

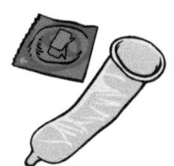

preservativo

kondom

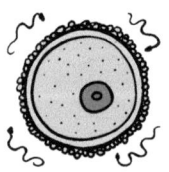

óvulo

eggcelle

semen

sæd

embarazo

graviditet

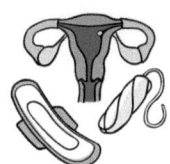

menstruación

menstruasjon

vagina

vagina

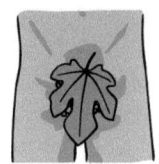

pene

penis

ceja

øyenbryn

pelo

hår

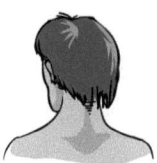

cuello

hals

hospital
sykehus

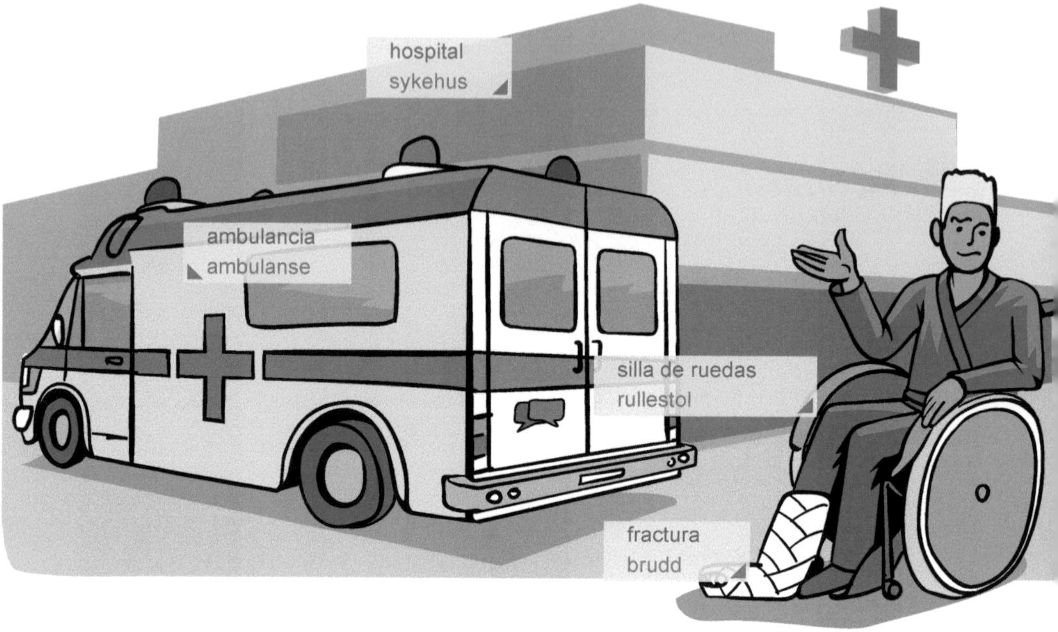

hospital
sykehus
ambulancia
ambulanse
silla de ruedas
rullestol
fractura
brudd

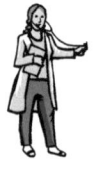

médico

lege

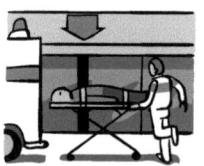

sala de guardia

akuttmottak

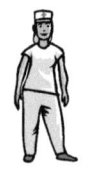

enfermera

sykepleier

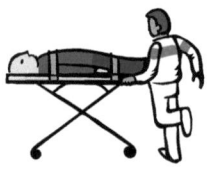

emergencia

nødsituasjon

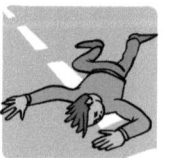

inconsciente

bevisstløs

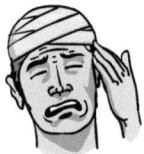

dolor

smerte

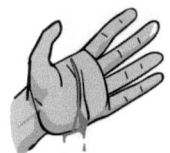

lesión

skade

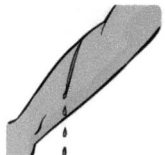

hemorragia

blødning

infarto

hjerteinfarkt

ACV

hjerneslag

alergia

allergi

tos

hoste

fiebre

feber

gripe

influensa

diarrea

diaré

dolor de cabeza

hodepine

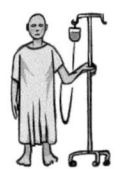

cáncer

kreft

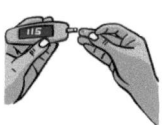

diabetes

diabetes

cirujano

kirurg

bisturí

skalpell

operación

operasjon

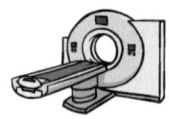

TC
CT

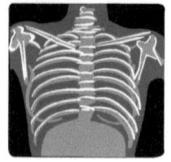

rayos x
røntgen

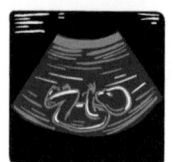

ecografía
ultralyd

barbijo
ansiktsmaske

enfermedad
sykdom

sala de espera
venterom

muleta
krykke

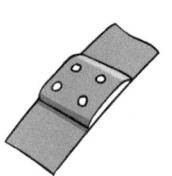

curita
plaster

venda
bandasje

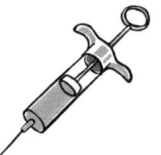

inyección
injeksjon

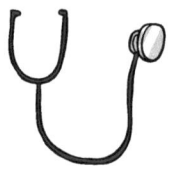

estetoscopio
stetoskop

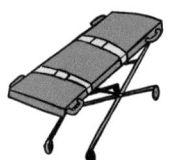

camilla
båre

termómetro
klinisk termometer

nacimiento
fødsel

sobrepeso
overvekt

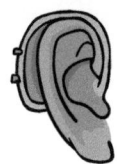

audífono

høreapparat

desinfectante

desinfeksjonsmiddel

infección

infeksjon

virus

virus

VIH / SIDA

HIV/AIDS

remedio

medisin

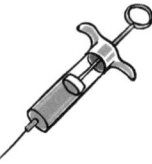

vacunación

vaksinasjon

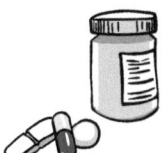

comprimidos

tabletter

pastilla anticonceptiva

pille

llamada de emergencia

nødanrop

tensiómetro

blodtrykksmåler

enfermo / sano

syk / frisk

¡Ayuda!

Hjelp!

alarma

alarm

agresión

overfall

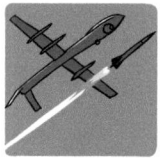

ataque

angrep

peligro

fare

salida de emergencia

nødutgang

¡Fuego!

Brann!

matafuego

brannslukker

accidente

ulykke

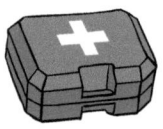

botiquín de primeros auxilios

førstehjelpsskrin

SOS

SOS

policía

politi

Europa

Europa

América del Norte

Nord-Amerika

América del Sur

Sør-Amerika

África

Afrika

Asia

Asia

Australia

Australia

Atlántico

Atlanterhavet

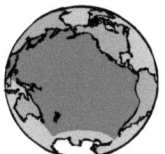

Pacífico

Stillehavet

Océano Índico

Det indiske hav

Océano Antártico

Sørishavet

Océano Ártico

Nordishavet

polo norte

Nordpolen

polo sur

Sydpolen

Antártida

Antarktis

Tierra

jorden

tierra

land

mar

sjø

isla

øy

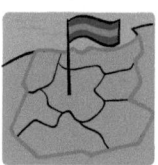

nación

nasjon

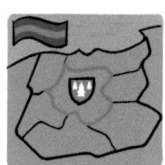

estado

stat

esfera

urskive

manecilla de las horas

timeviser

minutero

minuttviser

segundero

sekundviser

¿Qué hora es?

Hva er klokken?

día

dag

hora

tid

ahora

nå

reloj digital

digitalklokke

minuto

minutt

hora

time

semana
uke

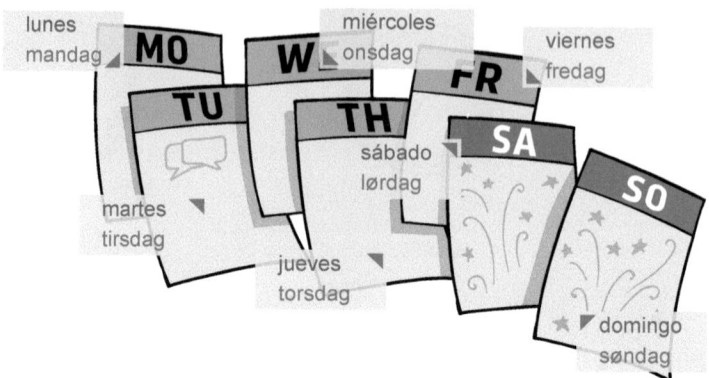

lunes
mandag **MO**

miércoles **W** onsdag

viernes **FR** fredag

TU

TH
sábado **SA**
lørdag

SO

martes
tirsdag

jueves
torsdag

domingo
søndag

ayer
....
i går

hoy
....
i dag

mañana
....
i morgen

mañana
....
morgen

mediodía
....
middag

tarde
....
kveld

días hábiles
....
arbeidsdag

fin de semana
....
helg

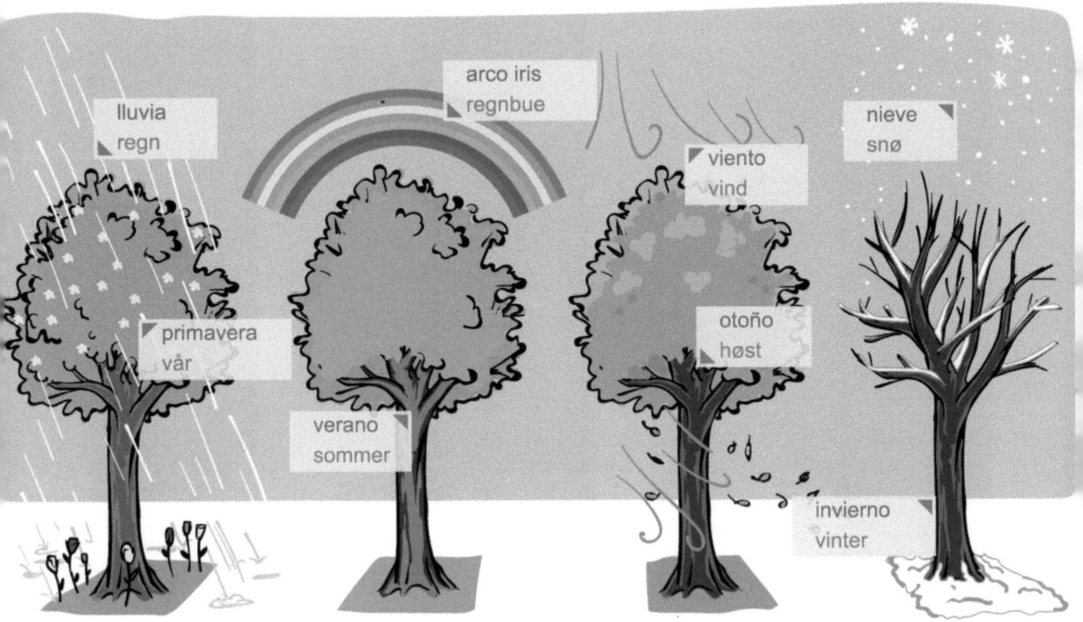

lluvia
regn
arco iris
regnbue
nieve
snø
viento
vind
primavera
vår
otoño
høst
verano
sommer
invierno
vinter

4.APRIL 11°
5.APRIL 4°
6.APRIL 13°
7.APRIL 8°
8.APRIL 10°

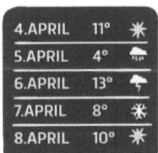

pronóstico meteorológico

værmelding

F C
120 40
90 30
60 20
30 10
0 0
-30 -10
-20

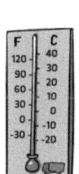

termómetro

termometer

luz del sol

solskinn

nube

sky

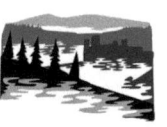

niebla

tåke

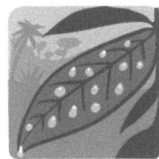

humedad

luftfuktighet

rayo

lyn

trueno

torden

tormenta

storm

granizo

hagl

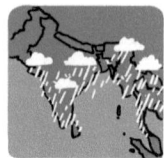

monzón

monsun

inundación

oversvømmelse

hielo

is

enero

januar

febrero

februar

marzo

mars

abril

april

mayo

mai

junio

juni

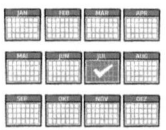

julio

juli

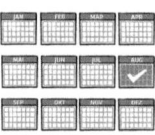

agosto

august

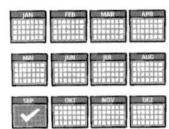

septiembre
....
september

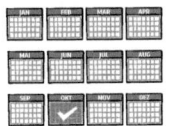

octubre
....
oktober

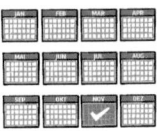

noviembre
....
november

diciembre
....
desember

círculo
....
sirkel

cuadrado
....
kvadrat

rectángulo
....
rektangel

triángulo
....
triangel

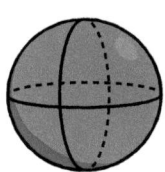

esfera
....
kule

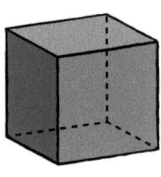

cubo
....
kube

blanco

hvit

amarillo

gul

naranja

oransj

rosa

rosa

rojo

rød

violeta

lilla

azul

blå

verde

grønn

marrón

brun

gris

grå

negro

svart

mucho / poco

mye / lite

enojado / tranquilo

sint / rolig

lindo / feo

pen / stygg

principio / fin

start / slutt

grande / chico

stor / liten

claro / oscuro

lys / mørk

hermano / hermana

bror / søster

limpio / sucio

ren / skitten

completo / incompleto

fullstendig / ufullstendig

día / noche

dag / natt

muerto / vivo

død / levende

ancho / angosto

bred / smal

comestible / no comestible

spiselig / uspiselig

malo / amable

ond / snill

entusiasmado / aburrido

begeistret / lei

gordo / flaco

tykk / tynn

primero / último

først / sist

amigo / enemigo

venn / fiende

lleno / vacío

full / tom

duro / blando

hard / myk

pesado / liviano

tung / lett

hambre / sed

sulten / tørst

enfermo / sano

syk / frisk

ilegal / legal

ulovlig / lovlig

inteligente / estúpido

intelligent / dum

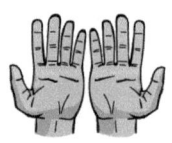

izquierda / derecha

venstre / høyre

cerca / lejos

nære / langt unna

nuevo / usado
ny / brukt

nada / algo
ingenting / noe

viejo / joven
gammel / ung

encendido / apagado
på / av

abierto / cerrado
åpen / stengt

silencioso / ruidoso
lavt / høyt

rico / pobre
rik / fattig

correcto / incorrecto
riktig / feil

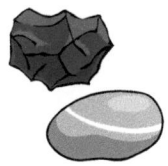

áspero / suave
ru / glatt

triste / contento
trist / glad

corto / largo
kort / lang

lento / rápido
langsom / rask

mojado / seco
vått / tørt

caliente / frío
varm / lunken

guerra / paz
krig / fred

0	**1**	**2**
cero	uno	dos
null	en	to

3	**4**	**5**
tres	cuatro	cinco
tre	fire	fem

6	**7**	**8**
seis	siete	ocho
seks	sju	åtte

9	**10**	**11**
nueve	diez	once
ni	ti	elleve

12

doce

tolv

13

trece

tretten

14

catorce

fjorten

15

quince

femten

16

dieciséis

seksten

17

diecisiete

sytten

18

dieciocho

atten

19

diecinueve

nitten

20

veinte

tjue

100

cien

hundre

1.000

mil

tusen

1.000.000

millón

million

idiomas
språk

inglés
....
engelsk

inglés americano
....
amerikansk engelsk

chino mandarín
....
mandarin

hindi
....
hindi

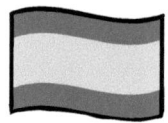

español
....
spansk

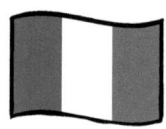

francés
....
fransk

árabe
....
arabisk

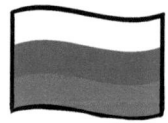

ruso
....
russisk

portugués
....
portugisisk

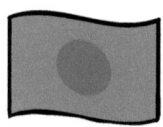

bengalí
....
bengali

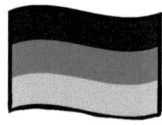

alemán
....
tysk

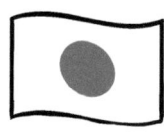

japonés
....
japansk

yo

jeg

vos

du

él / ella

han / hun / det

nosotros

vi

ustedes

dere

ellos

de

¿quién?

hvem?

¿qué?

hva?

¿cómo?

hvordan?

¿dónde?

hvor?

¿cuándo?

når?

nombre

navn

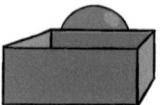

detrás

bakom

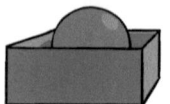

en

i

adelante de

foran

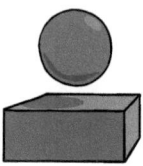

por encima de

over

sobre

på

debajo de

under

al lado de

ved siden av

entre

mellom

lugar

sted

dividir — تقسیم

186/2

pizarrón — بورډ

aula — ټولګی

patio de escuela — د ښوونځي حویلی

maestro — ښوونکی

papel — ورق

escribir — لیکل

birome — قلم

escritorio — ډیسک

regla — خط کښ

libro — کتاب

alumno — زده کونکی

mochila
....
کغوړه

caja de lápices
....
د پنسل بکسه

lápiz
....
پنسل

sacapuntas
....
پنسل تراش

goma (de borrar)
....
ربړ

bloc de dibujo
....
د رسامۍ پاڼه

Impressum
Verlag: BABADADA GmbH, Nedderfeld 112 , 22529 Hamburg
Geschäftsführer / Verlagsleitung: Harald Hof
Druck: Books on Demand GmbH, In de Tarpen 42, 22848 Norderstedt

Imprint
Publisher: BABADADA GmbH, Nedderfeld 112 , 22529 Hamburg, Germany
Managing Director / Publishing direction: Harald Hof
Print: Books on Demand GmbH, In de Tarpen 42, 22848 Norderstedt